À l'école de
PATINAGE
ARTISTIQUE

Apprends à faire du patin artistique

Un livre Dorling Kindersley
www.dk.com

Édition originale publiée
en Grande-Bretagne en 2004
par Dorling Kindersley Ltd, Londres,
sous le titre *Ice Skating School*

POUR L'ÉDITION ORIGINALE
Conception et direction
des prises de vues : Lisa Lanzarini
Consultant : Peter Weston
Direction éditoriale : Cynthia O'Neill Collins
Direction artistique : Mark Richards
Production : Claire Pearson

POUR L'ÉDITION FRANÇAISE
Auteur : Naia Bray-Moffatt
Photographe : David Handley
Traduction française :
Lise-Éliane Pomier / ATELIER BRIGITTE ARNAUD

5757, RUE CYPIHOT
SAINT-LAURENT (QUÉBEC)
H4S 1R3

www.erpi.com/documentaire

Dépôt légal : 4ᵉ trimestre 2004
Bibliothèque nationale du Québec
Bibliothèque nationale du Canada
ISBN 2-7613-1588-X
K 15880

Imprimé en Slovaquie
Édition vendue exclusivement au Canada.

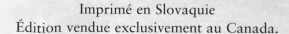

À l'école de
PATINAGE
ARTISTIQUE

Apprends à faire du patin artistique

Sommaire

Introduction

Le patinage artistique est
une synthèse harmonieuse de
danse et de gymnastique,
de grâce et d'équilibre,
de chutes et de bonnes parties
de rire ! Ce livre te propose
une promenade magique,
depuis tes premiers pas
hésitants sur la glace
jusqu'au moment où tu pourras
t'élancer dans les airs, évoluer
avec élégance sur la patinoire et
glisser comme un cygne sur l'eau
d'un lac ! C'est beaucoup de travail,
mais quel plaisir en perspective !

Préparatifs

Lilly fréquente la patinoire depuis quelques années déjà et elle adore ça. Dès son arrivée, elle passe au vestiaire pour se changer. Il est très important de porter des vêtements confortables, qui ne gênent pas les mouvements. On doit aussi enlever ses bijoux et vider ses poches. Lilly attache ses longs cheveux châtains pour ne pas les avoir dans les yeux. Enfin, elle enfile ses patins. La voilà prête !

L'échauffement

Avant de se rendre à la patinoire, Lilly et ses camarades font des exercices pour s'échauffer. Marcher d'un bon pas en levant bien les bras et les jambes assouplit les muscles et les prépare à l'effort.

Les patins

Au début, il est préférable de louer des patins pour savoir quel est le modèle qui te convient le mieux. Si tu es décidé à poursuivre dans cette voie, le mieux est que tu achètes tes propres patins. C'est ce qu'a fait Lilly, et elle est très fière de ses bottines de cuir blanc très souples, équipées d'une lame sous la semelle. La pointe de la lame est munie de crans.

Pense à mettre des protège-lames dès que tu quittes la glace.

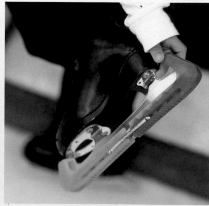

Guillaume est dans la même classe que Lilly. Avant de commencer, il enlève ses protège-lames. Comme son nom l'indique, ce dispositif empêche la lame de s'émousser au contact d'une surface dure.

Lilly a plusieurs tenues de rechange. Elles sont faites d'une matière élastique qui suit les mouvements. Les manches longues évitent que ses bras ne se refroidissent. Il est conseillé aux débutants de porter des gants.

De bons patins

Les bottines doivent être à ta taille, ni trop petites, ni trop grandes. L'empeigne haute maintient la cheville. Il faut veiller à ce que les lacets soient bien serrés, ni trop ni trop peu, et qu'ils ne puissent pas se défaire spontanément.

9

Premiers pas sur la glace

Lilly vérifie que les pieds de Betty sont à l'aise et que ses lacets sont convenablement noués. Elle rentre bien les extrémités à l'intérieur du laçage. Betty est prête à se lancer !

Aujourd'hui, Lilly est accompagnée de son amie Betty, qui vient prendre sa première leçon de patinage. La petite fille est très impatiente de commencer ! Lilly la prévient gentiment : au début, elle aura l'impression d'être très maladroite. Le mieux est de s'entraîner à marcher sur le sol en caoutchouc, hors de la piste. Pour un débutant, il est un peu difficile de trouver son équilibre sur ces lames étroites !

L'encadrement

Le professeur de Betty s'appelle Peter. C'est un monsieur très patient et très expérimenté, qui a formé des centaines de jeunes patineurs. Le premier cours ne durera qu'un quart d'heure, c'est un laps de temps suffisant pour s'habituer à tenir debout et à faire quelques pas. Pour commencer, Betty a droit à un cours particulier. Dès qu'elle se sentira plus à l'aise, elle s'entraînera avec ses camarades.

Trouver son équilibre

Avant même de pouvoir évoluer sur la glace, il faut parvenir à se tenir debout ! Garde la tête bien droite et les bras tendus sur les côtés, un peu en avant du buste, les paumes tournées vers la glace. Cette position t'aidera à trouver ton équilibre.

La bonne position

Avec l'aide de Lilly, Peter explique à son élève comment se tenir correctement sur la glace. Betty se tient bien droite et ouvre les bras.

En place !

Le moment est venu pour Betty de s'aventurer un peu plus avant sur la patinoire et d'apprendre à faire les bons mouvements.

Une main amie

Betty est encore un peu nerveuse. Après ses premiers pas en compagnie de Peter, elle tient la main de Lilly pour se rassurer. Il est plus facile de surmonter son inquiétude avec quelqu'un qui a connu les mêmes épreuves !

À petits pas

Betty, comme tous les débutants, commence par un piétinement sur place. Elle lève un pied, puis l'autre, et avance tout naturellement.

Avant de commencer, il est important de savoir placer ses pieds : joins les talons et écarte la pointe des pieds, pour former un V.

11

On y va !

Au début, il est rassurant de tenir la main du professeur ou d'un camarade, afin d'acquérir un peu plus de stabilité sur la glace. Mais, tôt ou tard, il faut se risquer seul – plus vite tu le feras et plus tes progrès seront rapides. Tu auras surtout peur de perdre l'équilibre, et c'est ce qui va se passer, bien sûr ! C'est pourquoi tu dois apprendre très vite à tomber sans te faire mal et à te relever à nouveau. Lorsque tu maîtriseras bien ces techniques, tu n'auras plus peur de tenter l'aventure, et tout ira beaucoup mieux !

Lilly patine depuis quelques années, mais il lui arrive quand même de tomber, c'est la règle. Elle n'est plus du tout impressionnée, et elle est fière de montrer à Betty ce qu'il faut faire ensuite.

Tomber sans se faire mal

Les patineurs débutants glissent et tombent très souvent, c'est tout à fait normal. Il arrive aussi aux meilleurs champions de perdre l'équilibre, et tu ne dois pas t'inquiéter. Sachant que la glace est froide par définition, il vaut mieux, surtout au début, porter des vêtements chauds, des gants et des pantalons longs pour se protéger les mains et les genoux. Si tu sens que tu vas tomber, essaie de te décontracter au maximum pour amortir la chute.

Mets-toi à genoux sur la glace

Soulève l'un de tes genoux

Appuie des deux mains

1 Lilly se met à genoux et pose ses deux mains bien à plat sur la glace, un peu en avant. Elle reprend son souffle avant de se redresser.

2 Lilly ramène un genou devant elle et le replie, patin à plat sur la glace. Elle croise ses deux mains et prend appui sur son genou levé.

3 Lilly s'appuie sur son genou pour soulever sa deuxième jambe et la ramener vers l'avant.

*Prêt,
bébé pingouin ?*

*Patiner avec une
camarade qui
vous encourage,
c'est beaucoup
plus facile !*

*Betty est très fière
d'avoir trouvé son
équilibre.*

Lâcher la main du professeur
n'est pas toujours facile,
il faut une bonne raison
de le faire. En se baissant
pour ramasser une
peluche, Betty tient
toute seule sans
même s'en rendre
compte !

Redresse-toi

4 Lilly garde la tête haute et le
dos bien droit, et se tient de
nouveau bien d'aplomb sur
ses deux jambes.

Au revoir !
La première leçon de Betty
est déjà finie. Elle remercie
Peter de ses conseils avant
de se diriger vers les ves-
tiaires avec Lilly. Elle est très
impatiente de revenir une
prochaine fois !

13

Avancer

Le cours va commencer pour les plus grands. Lilly patine avec des camarades de même niveau, et elle s'amuse bien. Ils commencent par patiner vers l'avant. C'est le mode de propulsion le plus instinctif, qu'on appelle aussi tout naturellement « le pas des patineurs ». C'est un bon moyen de parfaire son équilibre et d'apprendre à coordonner ses mouvements.

Le « petit bonhomme »
Fléchir les genoux permet de trouver son centre de gravité et de prendre de l'élan pour avancer. Toute la classe s'accroupit le plus bas possible et se relève en douceur. Il s'agit de ne pas perdre l'équilibre.

Le petit bonhomme est un exercice très amusant, mais pas toujours facile !

Rosie ne parvient pas à descendre aussi bas que ses camarades. Ceux-ci l'encouragent à pousser ses bras en avant pour s'accroupir complètement sans risquer de tomber en arrière.

Sur la ligne de départ

Pour commencer, les élèves placent leurs pieds en V et font six petits pas en avant, en levant bien les genoux et en reposant le pied bien à plat sur la glace. Puis, en gardant les pieds parallèles, ils glissent avec légèreté.

Fin prêt !

Comme la plupart des autres garçons du club, Guillaume porte un pull à manches longues bien souple, un pantalon noir et des patins noirs. Il n'a qu'une envie, se lancer sur la glace !

Le « citron »

Le citron est l'un des exercices de base pour apprendre à se déplacer sur la glace et pour découvrir par soi-même l'action motrice de la flexion-extension des jambes. Les bras écartés, Guillaume place ses pieds de façon à former un V. Il fléchit les genoux et écarte les jambes. Puis, il rapproche les jambes et joint les pointes de pieds.

1 Pieds en V

2 Jambes fléchies, pieds écartés

3 Pointes jointes, jambes droites

Glisser

Lilly et ses amis ont acquis un peu plus d'assurance, ils savent patiner avec aisance sur leurs deux pieds. Il s'agit maintenant de glisser sur la patinoire en prenant appui sur un seul pied. C'est la base de toutes les autres figures. Les élèves s'entraînent d'abord à lever un pied, puis l'autre, tout en progressant sur la glace.

Tous les mouvements, en particulier le changement de pied, doivent rester gracieux et sans effort.

Un pied levé

Peter tient les mains de Emma, pour que son élève apprenne à tenir sur une seule jambe tout en levant l'autre, qu'elle doit garder bien tendue vers l'arrière.

Dès que tu maîtriseras le déplacement glissé, tu pourras apprendre des choses plus difficiles.

Un bon maintien est indispensable.

La propulsion

Emma apprend à se déplacer non pas en marchant, mais en glissant sur un seul pied. Pour l'exercice dit du « funambule », elle fait porter le poids du corps alternativement de la jambe gauche à la jambe droite, en fléchissant légèrement la jambe d'appui. Pour le chassé avant, la propulsion est donnée par la jambe extérieure. Cet exercice s'appelle la « patinette ».

Lucas a pris suffisamment d'assurance pour faire le « petit bonhomme » sur une seule jambe.

Il s'accroupit et, en même temps, il tend une jambe droit devant lui en tenant son patin.

Il lâche le patin et essaie de tenir en équilibre, les bras tendus parallèlement à sa jambe levée.

« *Quand je glisse sur un pied,
j'ai l'impression de voler !* »

Lilly

*Lilly imagine que ses bras
sont les deux ailes d'un
planeur, et elle rentre les
épaules pour maintenir
son équilibre.*

*Lilly hésite un peu à suivre
l'exemple de Lucas.*

Tout en souplesse

Glisser sur un pied, c'est vraiment commencer
à patiner. Avec un peu d'entraînement,
tu pourras lever ta jambe arrière de plus en
plus haut, comme le fait Lilly. En fléchissant
la jambe d'appui, c'est encore plus facile !
Lilly tend au maximum la jambe extérieure
pour prendre de l'élan et glisser de façon aussi
souple et élégante que possible.

S'arrêter et reculer

Une fois qu'on sait avancer, il faut apprendre à s'arrêter, et aussi à patiner vers l'arrière. Se mouvoir à reculons sur la glace peut sembler un peu bizarre au début, parce qu'on ne voit pas ce qui se passe derrière soi. Mais, une fois l'habitude prise, c'est presque plus facile, et en tout cas plus rapide ! En fait, apprendre à patiner vers l'arrière, c'est faire un grand pas en avant !

Guillaume s'initie au freinage arrière. Il fléchit les deux genoux et tourne les pieds pour s'arrêter net.

Ne bougeons plus !

Pour leur apprendre à s'arrêter, Peter organise un jeu avec les élèves du cours. Ils restent au bord de la patinoire, et Peter se place au centre en leur tournant le dos. Les enfants s'approchent alors de lui mais, s'il se retourne, ils doivent s'immobiliser immédiatement, en écartant les talons et en joignant la pointe des pieds. C'est ce qui s'appelle le chasse-neige – la manière la plus simple de s'arrêter. Les enfants pris en mouvement doivent recommencer à zéro.

Propulsion arrière

Comme pour l'apprentissage du pas avant, les élèves commencent par six petits pas mais, cette fois, en gardant les orteils joints et les talons écartés, pour partir en arrière. Le temps de glisse entre les pas s'allonge de plus en plus au fur et à mesure que les enfants prennent confiance en eux.

Encore le citron

L'exercice du citron aide Lilly à comprendre comment ses propres mouvements peuvent conduire à un déplacement sur la glace. Par rapport à la marche avant, les mouvements sont inversés : Lilly fléchit les genoux et écarte les jambes, mais en orientant ses patins vers l'intérieur. Au début, elle procède très lentement, mais peu à peu, elle prend confiance et ses mouvements s'accélèrent.

Regarde où tu vas

Avant de partir vers l'arrière, il faut vérifier qu'il n'y a pas d'obstacle. Une fois que tu as vérifié que personne ne risque de te rentrer dedans, tu peux y aller ! Essaie de ne pas te retourner trop souvent. Garde la tête droite et tends les bras sur le côté pour t'aider à garder l'équilibre.

Pour aller vers l'arrière, tu dois joindre la pointe des pieds et écarter les talons – juste à l'inverse de ce que tu faisais pour patiner vers l'avant.

19

Pieds croisés

Les enfants se tiennent debout, les pieds croisés. Pour se préparer, ils s'entraînent au croisement/décroisement des pieds, avec piétinements latéraux.

Croisé et retournement

Au cours de cette leçon, les enfants vont aborder le croisé, qui leur permettra de patiner en cercle. Dans un premier temps, Peter leur apprend comment faire un croisé avant, mais il est possible de patiner en arrière de la même façon. Ensuite, les élèves effectuent un retournement, une manœuvre qui consiste à passer de la progression avant à la progression arrière, ou inversement.

1 Emma commence à patiner. Elle lève la jambe gauche derrière elle et tend les bras en avant.

2 Aussi doucement que possible, elle ramène son genou gauche et le passe devant la jambe d'appui, en amorçant un cercle.

3 Elle pose le pied gauche devant le droit sur la glace, vers l'intérieur, pour continuer le cercle.

Les carres

L'arête de la lame comporte deux tranchants, les « carres », séparés par un léger sillon, ou « creux ». La courbure de la lame permet de glisser en « carre dehors » (sur le tranchant externe) ou en « carre dedans » (sur le tranchant interne).

Emma se concentre sur le changement de carre.

« *J'adore cette sensation de glisse légère avant de changer de direction.* »

Emma

Le retournement

Il existe plusieurs façons de placer ses patins pour changer de direction sur la glace. Commençons par la plus facile ! Peter aide Lilly à faire un « virage trois », qui permet de tourner sur un seul pied. Il lui tient les mains et l'oriente face à lui. Elle fait pivoter son buste dans sa direction, et ses pieds suivent.

Les pirouettes

Daniella, qui a été formée dans ce même club, est déjà une championne de patinage en couple. Elle aide souvent les plus jeunes à se perfectionner. Aujourd'hui, elle explique à Lilly comment réaliser une pirouette. C'est un exercice qui, pour être parfait, demande des mois d'entraînement, mais il faut bien commencer ! Lilly va d'abord tenter une pirouette sur deux pieds. Elle apprendra ensuite à tourner plus vite, et un peu plus tard, en équilibre sur un seul pied.

Quel talent !

De plus en plus haut

Il existe plusieurs types de pirouettes, debout, assise, cambrée… Certaines sont très difficiles et nécessitent un long entraînement. L'une des plus spectaculaires est la « Bielmann », qui équivaut presque à un grand écart vertical. Daniella est en bonne voie : elle contrôle parfaitement son accélération et son équilibre.

Daniella aide Lilly à tourner lentement sur elle-même, d'abord dans un sens, puis dans l'autre.

1 *Pour commencer, les deux jeunes patineuses se tiennent les mains.*

2 *Après avoir pris de la vitesse, Lilly trouve le courage de lâcher une main.*

Daniella tient fermement les mains de Lilly.

Le vertige

Tourner très rapidement donne une sensation de vertige. Pour que Lilly s'habitue en douceur, Daniella l'entraîne dans un petit jeu. Elle lui tient les mains et la fait tourner de plus en plus vite.

Lucas s'aperçoit qu'il peut gagner de la vitesse, simplement en ramenant ses avant-bras contre sa poitrine.

La pirouette assise

Voici l'une des premières pirouettes que tu apprendras. On tourne d'abord debout, on lance une jambe devant soi et on s'accroupit le plus bas possible en fléchissant le genou d'appui.

Pendant une pirouette, il est important de garder la tête droite.

« Au début, je trouvais les pirouettes difficiles ; maintenant, c'est mon exercice préféré ! »

Daniella

Lilly voudrait bien essayer la pirouette assise. Cela semble si facile en regardant Daniella ! Mais garder son équilibre n'est pas évident, et Lilly préfère perfectionner sa pirouette debout !

Attitudes et spirales

*D*aniella *est une patineuse expérimentée.* Elle aide Lilly à apprendre de nouvelles attitudes. Les pas que l'on effectue sur la glace sont élégants et gracieux, à condition d'avoir de l'assurance et de savoir garder l'équilibre. À l'occasion des compétitions, Daniella doit faire la preuve de son talent en exécutant des figures imposées. L'arabesque est un très joli mouvement, qui oblige à étendre au maximum ses jambes et ses bras pour glisser sans effort apparent. La fente est plus facile à réaliser, c'est un bon début pour Lilly.

Lilly admire Daniella et espère apprendre beaucoup de choses grâce à elle !

1 On commence par fléchir les genoux.

2 Ensuite, on tend une jambe en arrière.

3 On descend au maximum, et on maintient la position.

Lilly s'entraîne avec Daniella. Il est beaucoup plus facile de se rapprocher de la glace quand on tient la main d'un partenaire !

La fente

La fente est une attitude très gracieuse. Pour la réaliser, on fléchit au maximum le genou d'appui, tandis que l'autre jambe reste bien tendue vers l'arrière. Le côté du pied arrière repose sur la glace, mais surtout pas la lame, ce qui freinerait le mouvement.

Tête bien droite et jambe levée, parallèle à la glace.

En courbe ou en ligne droite

L'arabesque se pratique en ligne droite ou en cercle. Bien sûr, on commence par la ligne droite, plus facile. Pour tourner, comme nous l'avons dit à propos du retournement, on opère un changement de carre.

Spirale

Au début, ce n'est pas simple. Il est difficile de garder la jambe d'appui bien droite et la jambe libre parallèle à la surface de la patinoire.

« *J'apprends tous les jours des choses nouvelles et j'adore ça !* »

Lilly

Pour garder l'équilibre, Lilly doit se servir de ses deux bras comme d'un balancier.

Spirale assistée

La spirale assistée ne doit se pratiquer que sous la surveillance du professeur.

À deux, c'est encore mieux !

Daniella se tient juste derrière Lilly et patine à la même vitesse, pour aider Lilly à adopter la bonne position. Mais Peter les surveille de près, car une fausse manœuvre serait dangereuse pour les deux patineuses.

*Lilly improvise un saut à sa façon.
Elle a raison : c'est le meilleur
moyen de prendre confiance en soi.*

Sauts et petits bonds

Aujourd'hui, les élèves abordent la technique
des sauts. Ces figures spectaculaires demandent
un bon entraînement. Il existe plusieurs sortes
de sauts, du plus simple au plus compliqué.
La plupart portent le nom de leur inventeur
(axel, salchow, lutz…) et peuvent être doubles
ou triples selon la virtuosité des patineurs,
qui doivent donner l'impression de les
accomplir sans aucun effort.

Les petits bonds

On prend de la vitesse…

*… et on réalise une
série de petits sauts*

*avant d'atterrir
et de repartir
en patinant.*

Le « hop »

Le petit bond, ou hop, est
le premier saut que les
enfants apprennent, et le
plus facile. Il suffit de
soulever un pied l'un après
l'autre et de retomber, en
gardant les bras bien tendus.

« Sauter sur la glace,
c'est amusant ! »
Guillaume

Le boucle piqué
Le boucle piqué est
un saut un peu technique,
en double appui, pris sur
la carre dehors arrière et
piqué de l'autre jambe,
avec réception sur la carre
dehors arrière également.

Main dans la main,
Lilly et Guillaume
apprennent à synchroniser
leurs mouvements et à
garder le rythme, pour
sauter et atterrir
ensemble.

Lilly s'exerce : elle s'élance,
tourne sur elle-même et
se pose sans tomber.
Bravo, Lilly !

27

Apprendre par l'exemple

Savoir sauter sur la glace est un réel plaisir ! Avant de tenter l'aventure, il faut savoir très bien patiner et avoir du ressort. Les enfants ont acquis les techniques de base pendant les cours, mais on n'apprend jamais aussi bien que par l'exemple, et ils sont ravis que Perry, un ancien du club qui participe à de nombreuses compétitions, accepte de leur montrer quelques sauts plus difficiles.

Lucas et Guillaume sont très contents que Perry soit venu les encourager. Ils espèrent bien qu'un jour, ils sauront sauter avec autant de force et d'élégance que lui !

Pour prendre suffisamment d'élan, il faut acquérir de la vitesse et fléchir les genoux.

Tourner dans les airs

Pour ce « saut de boucle », Guillaume doit faire un tour complet sur lui-même. Il prend le saut en carre dehors arrière, tourne sur 360° et se reçoit sur la jambe qui lui a servi d'appui.

L'axel

La technique de l'axel est un peu difficile à acquérir. C'est le seul saut amorcé en carre dehors avant (tous les autres sont pris en carre arrière).

Perry, en appui sur le pied gauche, se prépare à décoller.

Il ramène ses bras pour faciliter la rotation sur un tour et demi.

Il se reçoit sur le pied droit et repart, en arrière, cette fois.

« Perry nous aide vraiment beaucoup ! »

Lucas

Les garçons adorent sauter. Pour ce saut pieds joints, ils essaient de bondir aussi haut que possible. Mais on dirait que le gagnant reste Perry !

Le patinage en couple

Aujourd'hui, les enfants sont à la fête, car Perry et Daniella, qui ont l'habitude de patiner en couple, ont accepté de faire rien que pour eux une démonstration de leurs performances. L'ensemble de ces figures constitue un « programme ». Les élèves font cercle autour de leurs aînés et s'apprêtent à admirer le spectacle, qui comporte des pirouettes, des portés et des spirales à couper le souffle. Perry et Daniella s'entraînent ensemble depuis plusieurs années. Le patinage en couple est une discipline qui demande une très bonne entente entre les deux partenaires. L'harmonie et la synchronisation sont le fruit d'un travail intensif, mais doivent sembler parfaitement naturelles.

La spirale de la mort

Il n'est pas difficile de comprendre d'où vient le nom de cette figure impressionnante ! C'est un spectacle magnifique, mais qui comporte beaucoup de risques, spécialement pour la patineuse, qui tourne autour de son partenaire au plus près de la glace, tenue par une seule main.

Il est important de trouver le bon partenaire pour patiner en couple. Daniella et Perry sont parfaitement synchronisés.

« *Nous dépendons l'un de l'autre, et nous devons nous faire entièrement confiance.* »

Daniella

1 *Pour se préparer, Perry rapproche sa partenaire en la tenant par la taille et prend sa main.*

2 *Daniella pose sa main libre sur l'épaule de Perry pour prendre de l'élan.*

3 *La flexion du porteur facilite l'ascension de sa partenaire.*

4 *Daniella tend les bras et les jambes pour former une étoile.*

Les portés

Selon le règlement des compétitions, les portés doivent s'effectuer avec extension totale du bras porteur, ce qui nécessite une force peu commune, même sur un sol stable. Sur la glace, la réussite passe par un dosage très précis de l'effort, une bonne synchronisation et un équilibre parfait. Les patineurs débutants ne doivent jamais tenter ce genre d'exercices sans la surveillance d'un professeur.

5 *Elle tient une main de Perry, puis la lâche.*

6 *Hors glace, Perry porte des poids pour fortifier les muscles de ses bras et acquérir une force suffisante pour soutenir sa partenaire.*

Daniella rejette la tête en arrière jusqu'à ce qu'elle touche presque la glace.

7 *À la fin de leur brillante démonstration, Perry et Daniella sont tout sourire.*

Le Programme

C'est presque la fin du trimestre, et les élèves sont occupés à organiser un spectacle, de façon à ce que leurs familles et leurs amis puissent admirer les progrès qu'ils ont réalisés. Ils doivent imaginer un programme de leur composition, à partir des techniques qu'ils ont apprises, en choisissant bien sûr celles où ils sont les meilleurs, en individuels ou en groupe. Aujourd'hui, les filles doivent décider de leur programme, pour avoir le temps de le préparer ! Beaucoup de joies en perspective !

La première chose à faire, c'est de choisir la musique sur laquelle elles vont patiner. La plupart des programmes comportent un tempo rapide et un tempo plus lent.

Choisir les pas

Les filles aimeraient bien montrer tout ce qu'elles ont appris. Elles savent avancer ou reculer sur la glace, glisser, tourner et sauter. Mais il n'est pas toujours facile de coordonner tous ces mouvements pour en faire un spectacle harmonieux.

Les filles font quelques essais, mais elles s'aperçoivent vite qu'un programme ne s'improvise pas !

Emma réussit très bien les fentes, comme elle le montre à ses camarades.

« J'aime beaucoup patiner au rythme de la musique ! »

Emma

En préparant leur programme, les filles s'amusent bel et bien !

Emma, Lilly et Rosie ont choisi cette pose pour terminer leur programme.

33

Un bon entraînement

Savoir patiner avec grâce est le fruit d'un long entraînement et d'une pratique régulière.

Les patineurs de haut niveau s'entraînent plusieurs heures par jour, jusqu'à ce que chaque figure soit absolument parfaite ! Lilly, elle aussi, répète les figures de son programme. Elle veut offrir un spectacle de qualité et se montrer sous son meilleur jour.

Patiner, ce n'est pas seulement exécuter correctement une série de pas, c'est savoir s'exprimer et se mettre en valeur. Lilly a l'air très décidé !

L'aspect artistique

Un patineur, au même titre qu'un danseur, doit s'assurer que tous ses gestes sont fluides et gracieux. Les mouvements des bras et des mains sont aussi importants que les enchaînements de pas.

Peter aide Lilly à trouver la bonne position pour que ses gestes restent gracieux.

Allez, on s'étire, on se grandit encore un peu !

« Si je commets une erreur, ce n'est pas grave. Je me relève, et je recommence ! »

Lilly

Quel plaisir de constater que les efforts que l'on a faits portent leurs fruits !

Les mauvais jours

Il y a des jours où tout va mal, c'est comme ça ! Mais Lilly ne se décourage pas pour autant.

Si tu tombes, ne te fais pas trop de souci. En compétition, même après une chute, on peut encore gagner.

Récréation

Les filles commencent leur récréation par un jeu calme. Elles se tiennent par la main et essaient de voir combien de temps elles peuvent rester en équilibre sur une jambe, en glissant.

À *la fin de chaque cours,* les enfants jouent ensemble sur la glace, pour se détendre. Les élèves peuvent inventer des jeux, mais, le plus souvent, leur moniteur leur propose des activités, lentes ou rapides, toujours amusantes. Même quand ils jouent, ils continuent d'apprendre, et de mettre en pratique les attitudes et les pas qu'ils ont acquis.

1 On tient le majeur de son voisin.

2 On essaie de l'attraper en patinant très vite.

3 Désolé, Guillaume, je t'ai eu ! A toi, maintenant !

C'est un jeu idéal pour acquérir de la vitesse et pour apprendre à esquiver et à changer de direction, tout en s'amusant comme des petits fous !

Chat glacé !

Guillaume et Lucas jouent à chat avec Perry. Au début, le jeune champion tient les mains des enfants. Dès qu'il les lâche, ils doivent s'éloigner en patinant aussi vite que possible. Lorsque Perry en attrape un, c'est à son tour d'être le chat !

Les petites filles se tiennent les deux mains pour faire un manège. Elles patinent en cercle et tournent de plus en plus vite. Attention au vertige !

Avant de commencer le jeu, Emma, Lilly et Rosie ont placé correctement leurs pieds. Ce geste leur est devenu naturel, même pour une récréation.

Tournicoti, tournicoton!

Le jeu des dominos

Les jeunes patineurs forment une chenille. Peter les a prévenus : si l'un d'eux tombe, ils s'écroulent tous comme des dominos ! En fléchissant les genoux pour tomber en souplesse, les enfants se penchent en arrière… et c'est la catastrophe !

Place au spectacle

Le grand jour est arrivé, et les enfants ne tiennent plus en place ! Ils ont hâte de montrer ce qu'ils ont appris en cours. Ils sont tous très élégants dans leurs costumes de fête, réalisés spécialement pour la circonstance. Ils ont choisi et répété leur programme. Ils sont prêts à se lancer sur la glace. Que le spectacle commence !

Magnifique !

Grâce à Guillaume et à Lucas, le spectacle commence en beauté ! Les deux garçons ont mis au point un programme musclé, composé de sauts et de pirouettes spectaculaires. La démonstration est réussie et les jeunes patineurs ont l'air de bien s'amuser !

Les garçons sont très sûrs d'eux. Ils ont vraiment fière allure !

La roue

La roue est une figure classique du patinage synchronisé, qui demande une bonne entente entre les membres de l'équipe. Les enfants se tiennent par les bras ; deux d'entre eux patinent en avant et deux en arrière pour former un cercle parfait.

C'est très amusant aussi de patiner en groupe et de travailler en équipe.

« J'aime beaucoup faire un spectacle avec mes camarades ! »

Emma

M'accorderez-vous cette danse ?
Les élèves pratiquent aussi la danse sur glace. Pour cette démonstration, ils ont choisi un fox-trot entraînant.

Les filles ont noué leurs cheveux à l'aide d'un joli ruban assorti à leur tenue.

« *Dès que je commence à patiner, j'oublie que les gens me regardent.* »

Lilly

Lilly garde la tête droite et reste souriante. Tout ce qu'elle fait doit sembler facile.

Elle entame une pirouette...   *... et l'achève avec grâce.*

Le triomphe de Lilly

C'est au tour de Lilly de montrer ce qu'elle sait faire en patinage individuel. Elle attendait ce moment avec impatience ! La patinoire vide semble immense, mais elle dispose ainsi de toute la place voulue pour ses évolutions sur la glace. Au début, elle se sent un peu nerveuse, mais elle prend vite de l'assurance et se lance dans une éblouissante démonstration.

Comme une championne

Lilly glisse aisément sur la glace.
Elle effectue un programme sans
faute : ses efforts ont été payants.
Le public l'applaudit à tout
rompre, et elle savoure ce
moment de gloire.

L'inspiration

Patiner avec Emma a beaucoup
aidé Lilly à mettre au point son
propre programme. Elle se rappelle
avec quelle élégance naturelle son
amie place toujours ses bras et ses
mains, pour donner une impression
de souplesse et de grâce.

Bravo à tous !
Tous les enfants ont terminé
leur démonstration, ils ont fait
la preuve de leur travail et de
leur talent. Betty est très émue :
elle a été choisie pour offrir
à chacun un bouquet de fleurs
bien mérité !

Un jour, peut-être...

Lilly a beaucoup aimé cette journée, et elle est un peu triste qu'elle soit déjà finie. Elle rêve de devenir un jour championne de patinage artistique. Mais, pour le moment, elle adore pratiquer son sport préféré avec ses camarades. Elle attend avec impatience le prochain spectacle !

43

Au revoir !

Betty

Lilly

Guillaume

Emma

Rosie

Lucas

« *Le patinage artistique est mon sport préféré !* »

Lilly

Index

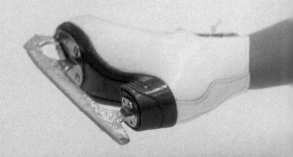

Crédits et remerciements

Les éditeurs tiennent à remercier les institutions et les personnes dont les noms suivent, et qui leur ont apporté leur aide pour la préparation et la réalisation de ce livre :

Nous sommes reconnaissants aux responsables du Centre des sports de glace de Lee Valley et de l'École de patinage artistique, Lea Bridge Road, Leyton E10 7QL, Grande-Bretagne, qui nous ont permis de prendre toutes ces photos.

Un merci tout particulier à Peter Watson (entraîneur diplômé, Alexandra Palace Ice Rink), qui a bien voulu faire office de conseiller technique. Un grand merci aux élèves de la patinoire, Lilly, Lucas, Betty, Guillaume, Emma et Rosie, qui ont très gentiment posé pour cet ouvrage ; merci à Perry Drake et Daniella Finch pour leur participation, et à Julia March pour sa relecture attentive des épreuves ; merci également aux parents de nos champions en herbe, qui se sont montrés particulièrement patients et compréhensifs au cours des séances de photo.